MANUEL

QUATRIÈME CLASSE

CORRIGÉ

1 — Manuel de 4e Classe (Corrigé).

MANUEL

QUATRIÈME CLASSE

CORRIGÉ

MANUEL

QUATRIÈME CLASSE

CORRIGÉ

TOURS
IMPRIMERIE MAME
1922

NOTIONS

D'HISTOIRE DES BEAUX-ARTS

Nota. — Les nombres en caractères ordinaires renvoient aux pages du Manuel. Les nombres en caractères gras, à celles de l'Histoire des Beaux-Arts de *Peyre*.

Sens de quelques expressions.

SENS DONNÉ ICI A CERTAINS TERMES VAGUES. Il importe que la Maîtresse connaisse bien le sens dans lequel sont pris ici certains termes techniques, facilement vagues. En particulier :

1° Le sens restreint et pratique donné au terme *beau* (d'après les ouvrages de Ch. Blanc), p. 11. — Cf. Expressif, p. 11. Proportion, p. 23.

2° Le sens précis donné au mot *mouvement*, p. 24.

3° Le sens (en partie historique[1], en partie technique) des mots : classicisme et romantisme. Pour :

Classicisme, voir p. 53 (Giotto, Masaccio).

Anticlassicisme, Rembrandt, p. 98; Japonais, p. 130.

Romantisme, Delacroix, p. 114; Rodin, p. 124.

Académisme, déviation du classicisme, Bologne, p. 76; David, p. 113.

Archaïsme, apparenté à l'académisme, p. 74, à propos de Vitruve. Quant à l'esprit, — non à la lettre, — du classicisme, c'est aussi bien Ruysdaël, p. 98, et Corot, p. 123, que Raphaël ou Phidias.

4° Le sens naturel et étymologique des mots *idéalisme* et *réalisme*. Le réaliste se tient près du réel : les Hollandais, p. 97; à certains points de vue : les Primitifs, p. 50; les Espagnols, p. 91; les Impressionnistes, p. 119. — L'idéaliste se tient près d'une idée : les Égyptiens, p. 19; Delacroix, p. 114. Tout peintre est d'ailleurs forcément réaliste et idéaliste à la fois[2]; c'est une question de plus

[1] Correspondant à une époque.

[2] *Idéalisme* n'est donc pas synonyme de beau; et *réalisme* de laid.

et de moins, selon qu'il est plutôt imaginatif ou sentimental. *Réalisme* et *idéalisme* ne s'opposent pas ; les Grecs en sont un éloquent exemple, p. 23.

Le réalisme sans idéalisme autre que celui d' « être objectif » peut, en paysage ou dans certains domaines, comporter une très haute poésie : Pierre de Hooch, p. 97.

SENS D'AUTRES TERMES USUELS.

1° *Dessin* (signifiant beaucoup plus que le trait), p. 17. Y rapporter la ligne, p. 17 ; l'arabesque, p. 17.

Cf. Le dessin de Léonard, p. 61 ; Michel-Ange, p. 65 ; Raphaël, p. 66 ; Rubens, p. 83 ; Hollandais, p. 97, et Rembrandt, p. 103 ; Ingres, p. 113 ; Puvis, p. 123 ; Rodin, p. 124 ; Japonais, p. 130.

2° *Valeurs* ou *lumière*. Modelé, p. 50. Enveloppe, p. 17. Rayonnement, p. 69. Clair obscur, p. 62, et Rembrandt, p. 103. Règle du « noir », p. 77. Éclairage d'atelier, p. 77 ; de plein air, Rubens, p. 83.

3° *Couleur*. Qu'est-ce que « peindre » ? Flamands, p. 57. — Qu'est-ce que « ne pas peindre » ? Bologne, p. 76 ; David, Ingres, p. 113. — Principes : **a)** de la relation des tons entre eux, Delacroix, p. 114 ; **b)** de la relation des tons avec les valeurs, p. 120 ; **c)** de la coloration des ombres, p. 119 ; **d)** de la fraîcheur des tons, par juxtaposition, mélange léger : Fra Angelico, p. 58 ; Impressionnistes, p. 119. — Les « rappels », Corrège, p. 70.

4° *Perspective*, linéaire, p. 50 ; aérienne, p. 50 (règle du plan horizontal fuyant, règle des volumes). Rapporter à l'aérienne : l'enveloppe, p. 17 ; le rayonnement, p. 69.

5° *Touche*, p. 15. Voir aussi Rubens, p. 83 ; Rembrandt, p. 103.

6° Distinguer le tableau de la peinture murale, p. 73, et rapprocher de cette dernière, sans les confondre, le décoratif simplement : sculpture égyptienne, gothique.

Sens du mot **ordonnance** (Voir p. 15) : Qu'elle soit marquée surtout :

a) par la *ligne* (exemple : Peyre, p. **689**, *Miss Graham* : verticales ; — serpentine dans les Apôtres ; plus la perspective de la salle qui compte aussi, en contraste, pour la *Cène* de Vinci, p. **441**) ;

b) par la *lumière*[1] (*Lazare*, p. **585**) ;

c) par le *groupement*, qu'il soit symétrique, mi-symétrique, *Bergers d'Arcadie*, p. 79 ; non symétrique, *Forêt* de Ruysdaël, p. 99 ;

[1] Pour reconnaître le sens de l'éclairage (de côté, de face, d'en haut), il n'y a qu'à regarder la direction des ombres portées. S'il n'y a pas d'ombres portées, on est dans l'éclairage diffus : temps gris, crépuscule.

d) par le *mouvement* (*Radeau de la Méduse*, p. **738**; *Constantinople*, p. 115); cette ordonnance comprend ce point si important que nous appellerons « l'occupation des invités », parfaite dans les *Bergers d'Arcadie*, p. 79, où tout le monde pense, sent, concourt à l'effet. Un « distrait » à gauche y est possible (de même, l'angelet de droite en bas de la *Vierge de Dresde*, p. **455**); c'est naturel et charmant. Mais que de désœuvrés dans l'*Apothéose d'Homère*, p. **741** (Cf. avec l'*École d'Athènes*, p. **457**). Dans les *Horaces*, p. 112, autre excès : on pose. Étudier, au point de vue occupation, Puvis de Chavannes, le maître de l'équilibre entre l'action et le geste, l'action et le but.

e) par l'*impression générale*, impalpable : « effet », d'heure, de saison...; dans tous les cas, l'ordonnance est un équilibre.

Équilibre pourrait être le titre de toute espèce de tableau, puisque presque tous sont des établissements de contrastes ou d'analogies. Exemple : dans l'*Angelus* de Millet, p. 125, contraste de la ligne du fond, horizontale, calme, coupée par deux verticales : l'homme et la femme. Analogie, au contraire, que toutes les lignes de la *Joconde*, p. 60. Contraste entre « l'assiette » des lignes de la salle et de la table, et la gesticulation des Apôtres autour du Christ au repos, dans la *Cène* de Vinci, p. **441**.

Rien d'intéressant comme d'étudier, dans le paysage, par exemple, l'équilibre établi généralement par la lumière ; soit par une lumière répartie en grandes masses (le ciel), avec reflets, « éclaboussures, » lumières secondaires (l'eau à gauche, le terrain éclairé), puis, plus que des restes de lumière « accrochés » aux liserés des planches, ou du tronc, dans l'*Écluse* de Constable, p. **723**.

Les ombres peuvent aussi « meubler un terrain ». Le petit clair au bas du ciel (*Miss Graham*) meuble délicieusement à cet endroit. La couleur peut donner de l'importance à tel fragment ou l'éteindre. — Noter aussi que la lumière ou l'ombre peuvent interrompre les lignes ; ex. : *Cythère*, de Watteau, p. 105 : la nuée rose du matin atténue la barre désagréable que ferait la colline du fond sous un autre éclairage. Cette vapeur relie le fond aux robes claires du terrain éclairé au tout premier plan.

La lumière, autant que la ligne ou le mouvement, peut mener à l'endroit intéressant. Dans *Cythère*, l'œil, sollicité d'abord par les groupes, est obligé, au bout de quelque temps, de regarder au fond ; il revient étudier les personnages, mais sans oublier ce fond un peu à gauche ; pourquoi ? Non seulement les lignes mènent là (falaises du 1er plan à gauche, branches de l'arbre à droite), mais la silhouette formée par les groupes se détachant sur l'eau « pose », l'importance du fond, en même temps qu'il le relie au 1er plan, par les clairs des couples assis et du terrain.

L'Équilibre, ou Harmonie, comporte d'ailleurs une dominante; son opposé serait la monotonie, l'égalité uniforme.

Inscription dans le cadre. Cette question rentre dans celle de l'équilibre. Elle est suffisante dans Metzu, p. **591**, plus savante qu'il ne semble dans *Lazare*, p. **585**; si charmante généralement dans Raphaël, Reynolds et Gainsborough (*Miss Graham*, p. **689**), dans Van Dyck. Il peut y avoir d'ailleurs « emportement », désordre apparent, si cette liberté est motivée; cette dérogation vaut mieux qu'une application écolière à « effacer dans les angles du tableau, ramener ici ou là ». La froide *Tradition*, p. **713**, est intéressante comme inscription.

Angle de vision. Il est à noter, dans le paysage surtout, par rapport à l'ordonnance (Voir Ruysdaël, p. 98). De façon générale, prendre de loin : l'arbre entier dans la toile au premier plan donne de l'espace, de la publicité (Claude Lorrain, p. **629**). Prendre de plus près : l'arbre de premier plan coupé dans la toile donne de l'intimité, du recueillement (Metzu, p. **591**). Dans *Miss Graham*, p. **689**, équilibre d'intimité et de publicité dû à la colonne — coupée — qui « resserre », recueille un paysage très vaste.

Y a-t-il des sujets qui ne demandent pas d'ordonnance? Oui :

a) Certains paysages : effets de crépuscule, de couleur... Dieu se charge de l'harmonie.

b) Le portrait simple : tête seule, sans accessoires ou jeu de fond; l'expression de l'âme suffit à faire l'unité.

c) Le croquis : fragments notés au vol, esquisses de détails, ayant le charme de « préludes » en musique. C'est dans ces pages spontanées, croquis d'albums, études de tête, que l'on saisit le mieux la pensée des maîtres. L'unité est donnée par l'intensité d'expression et de vie; il n'y a pas équilibre au sens strict; ce n'est pas négligence, mais une harmonie de plus.

Sens du mot : Pensée. La peinture suggère; mais fait-elle penser dans le sens absolu du mot? L'artiste, voué au sentiment et à l'impression, est-il réfractaire à tout intellectualisme?

Non. Il peut y avoir un intellectualisme très élevé dans la peinture, en maintenant toutefois une réserve : éviter, dans l'exécution ou l'analyse, de verser dans « la littérature ». Rester peintre. Ce qui intéresse, c'est la manière dont une pensée a été transposée dans le monde des formes, le degré d'harmonie que le peintre a atteint par le geste, l'attitude, chez Michel-Ange, par exemple, et non dans les scènes ou moralités de Greuze.

a) Dans le cas de Puvis de Chavannes ou de Michel-Ange : il y a une vraie pensée que l'artiste a été capable de transposer en forme sensible (l'*Hiver* ou les *Muses* de Puvis, le *Voyant* de Michel-Ange; la *Dispute du Saint Sacrement* de Raphaël, l'*Angelus* de Millet). Il y a, en ce cas, double intérêt : intérêt de la pensée et de son expression. Peu de peintres sont assez intelligents ou cultivés pour s'élever à ce très grand art. Il y faut une certaine qualité de pensée : pensée synthétique (expression d'un certain ordre par des formes expressives). Un tableau qui peut être une page de philosophie, — métaphysique ou psychologie, — ne sera jamais un syllogisme ou une plaidoirie. On peut étudier à ce point de vue quelques allégories : ainsi les *Bergers d'Arcadie* sont trop littéraires : il y faudrait une légende; l'*Amour sacré* et l'*Amour profane* de Titien est à la limite.

b) En dehors du cas d'une pensée comme sujet, le seul fait de l'équilibre, de l'harmonie, base du tableau, établit l'intellectualisme. « La raison est amie de l'ordre. » (Bossuet.)

c) Enfin il y a pensée cachée, latente, mais très haute, par le fait de l'expression des choses (p. 11), — surtout dans le paysage. Le peintre reproduit quelque chose de la pensée de Dieu écrite dans l'univers, mystérieuse, mais réelle et palpable.

Notions élémentaires d'analyse.

La Maîtresse ne persuadera jamais trop à ses élèves que le goût a besoin d'être cultivé et n'est pas chose innée; qu'il est ridicule, dans ce domaine comme en tout autre, de donner son avis avant de savoir de quoi il s'agit.

Or il n'est déjà pas si facile de distinguer le sujet réel du sujet apparent. Exemple : *Lazare*, p. **585**; sujet apparent : Lazare; sujet réel : un contre-jour, grand contraste pathétique. *Les Bergers d'Arcadie*, p. 79; sujet réel : essai psychologique doublé d'une étude de rythme. — *Le Marché d'Amsterdam* de Metzu, p. **591**; sujet réel : c'est bien un marché. — La *Cène* de Vinci : c'est bien ce moment de la Cène, après la parole : « Un de vous me trahira. »

Remarque sur les gravures. La question de la reproduction est un grand obstacle aux jugements justes. La *couleur* est sacrifiée sur les cartes postales; d'où gain pour Ingres, Raphaël...; perte sèche pour Delacroix, Rubens, les paysagistes, etc... Les *valeurs* sont souvent fausses. Il ne reste que l'*ordonnance*; et lorsqu'il s'agit d'une peinture murale, faite pour être vue en grand, ce dernier point même perd de sa signification. Dans les musées, s'il n'y a pas la question de la reproduction, il y a celle de la *conservation*; les dessous travaillent, et les réparations sont souvent plus néfastes que ces premières altérations. (Le *Saint Michel* de Raphaël est presque complètement repeint.)

Une ou deux bonnes gravures coloriées sont utiles pour donner une idée de la couleur à l'huile ; une carte postale, — voire même le tableau de *Mater* de la maison, — suffirait pour une fresque.

On peut encourager les enfants à se former une petite collection de cartes ou de gravures, qu'elles compléteront les années suivantes ; leur apprendre à les annoter et à les encadrer : la marge blanche, en effet, tue les lumières du tableau ; on aura avantage à lui substituer un encadrement grisâtre, moins foncé que les plus grands noirs, plus foncé que les plus grands clairs du tableau.

Choix des sujets. Les moyennes ne peuvent pas encore saisir des formes d'art difficiles, comme celles de Puvis de Chavannes, ou même de Watteau ou de Velasquez. On peut arriver au bout de quelque temps à leur faire goûter des œuvres de valeur ; les enfants sont si ouvertes à l'art ! — mais il est prudent de commencer par des sujets faciles :

a) De petites scènes de genre : Meissonnier, Chardin ; Greuze plaît aux débutantes ; le succès est assuré aussi pour les scènes où il y a des enfants : *Enfants d'Édouard* de Delaroche, *Enfant au toton* de Chardin, p. 107.

b) Des paysages modernes : jolies marines, sous-bois, un clair de lune.

Confrontations. Moyen excellent et nécessaire. Florence s'explique par Venise, Phidias par Rembrandt et les Japonais, un bon dessin par un mauvais.

La notion difficile du classicisme sera plus aisément comprise, par exemple, si, en regard de ce qui est dit des Grecs, de leur idéalisme, 3° p. 24, on place : un grec « manqué », p. **211**; demi-réussi, p. **403**; une œuvre académique : *Serment des Horaces*, p. **112**, et une assimilation de grec : *Diane* de Houdon, p. **682**.

Pour faire comprendre le mouvement, il faut : une mosaïque byzantine, p. **228** ; Giotto (mal, p. **392** ; mieux, p. **390**) ; le *Penseur*, p. **449** ; le *Radeau de la Méduse*, p. **738** (agitation, moins de mouvement réel).

Préliminaires à l'analyse. Avant de commencer l'analyse proprement dite, il faut élucider certaines questions nécessaires :

a) Que vaut la reproduction ? Exemple : *le Penseur*, p. **449**, suffisante ; *la Cène*, p. **441**, absolument insuffisante ; *la Joconde*, p. **443**, la figure, les ombres de la joue, du nez, donnent quelque idée du mystérieux modelé de Léonard ; le fond est durci et alourdi ; le bas n'existe plus ; tout, au lieu de se fondre, est sec et lourd, et le beau rouge du vêtement ne peut pas se voir.

b) Quand, où, comment, pourquoi a été fait ce tableau? C'est-à-dire à quelle date, dans quel pays, quelle école, par quel procédé, dans quelle intention?

Exemple : *la Joconde*, 1500; passage du style primitif au style large et sûr; aube de la Renaissance, sans l'ombre d'académisme encore; tableau fait à l'huile; sujet mûri des années, pensé, retouché; page achevée de perfection et non croquis. La dernière question : dans quelle intention? — donne le sujet réel.

c) Il est très pratique aussi (pour soi comme pour les autres) de se demander d'abord, avant d'avoir vu la gravure, comment on s'en représenterait le sujet : cela prépare à analyser la pensée du peintre, à comprendre son mérite. Comment exprimerait-on « le mystère de l'Eucharistie »? (Raphaël, *Dispute*). Comment poserait-on : le Penseur? le Gué? (Claude Lorrain).

Il ne reste plus qu'à entrer dans l'analyse proprement dite, à étudier, — dans le cas présent, en question, — la pensée et les matériaux. Les matériaux, — dont se dégagera la pensée, s'il y en a une, — comprennent tout ce qui a été indiqué p. 11 et suiv., c'est-à-dire : le dessin avec l'arabesque; — l'éclairage avec le modelé; — la couleur; — le mouvement, en y rapportant « l'occupation des gens »; — la patte; — l'ordonnance à laquelle se rapportent : l'angle de vision, l'endroit intéressant, l'inscription dans le cadre, les fonds si révélateurs de l'imagination.

Exemples d'analyses.

1. ANALYSES TRÈS COURTES. Exemple : *le Zuccone*, p. **396** : simple morceau expressif; il n'y a qu'à le goûter, en observant ce qui donne l'expression : coins de la bouche, port de la tête, ligne des épaules, etc..., ou comparer à la *Diane* de Houdon, p. **682**, au *Penseur*, p. **449** (sans expliquer à perte de vue).

Court encore : Masaccio, p. **403**, ou Giotto, p. **390**, en ce sens que ce n'est pas encore mûr; cela vaut surtout comme germe, document d'une époque, d'un moment, d'une évolution.

Ou *la Communion de saint Jérôme*, p. **539**, reproduction insuffisante, puis académisme, froideur, plusieurs personnes inoccupées.

2. ANALYSES QUI PEUVENT ÊTRE LONGUES : celles d'œuvres pleines, chargées de sens, comme celles de Michel-Ange, de Claude Lorrain, etc...

A. Meissonnier, 1814, **Campagne de France.** Comment rendre cette date, c'est-à-dire la défaite prochaine?

Ici, intensité d'expression, convergence vers l'effet, due à :

a) *la couleur* : ciel de plomb, boue sur la neige, tache rude que font les uniformes.

b) *la ligne :* la diagonale qui vient vers nous (perspective), c'est-à-dire les raies du chemin et le cortège de Napoléon. Dans les régiments de second plan, la ligne est encore rigide (horizontale barrant le fond à droite), tandis qu'au premier plan, dans le cortège, le zigzag des chapeaux indique l'hésitation, l'appréhension de l'état-major. Où va ce cortège?... à la défaite prochaine.

c) *le mouvement.* Notez-en l'excellence en tant que concentration ; attitudes simples, autrement éloquentes que les gesticulations de Gros, p. **703**, ou la « pose » de *Wagram*, p. **757**. Cf. du même Meissonnier, 1805 et 1815.

d) *l'endroit intéressant.* Où est-il? Hors du tableau, en avant : là où vont les maréchaux.

B. **Bergers d'Arcadie.** Poussin. Comment exprimeriez-vous ce thème éternel de la fuite des choses? Montrer la réponse de Poussin.

Elle est critiquable : **1°** La *peinture* est désagréable (tons lourds et criards) ; dans Poussin, d'ailleurs, les dessous ont travaillé, parce qu'il préparait à la terre d'ombre ; **2°** il y a quiproquo entre la peinture et la sculpture : des statues sont posées devant un fond, puis coloriées ; le rôle de la lumière est accessoire ; **3°** le tableau est bien un peu « littéraire ».

Elle reste un chef-d'œuvre : **1°** par le *rythme.* Essayer d'écarter les personnages, de les agrandir ou rapetisser, et cette parfaite distribution des espaces disparaîtra. Équilibre aussi du fond : un arbre coupé, un arbre entier, un vrai troisième plan lointain à droite (Cf. une ordonnance à quatre personnages qui soit faible) ; **2°** par le *mouvement :* gestes (ceux qui montrent) et attitudes (la femme et le distrait de gauche) : gamme de sentiments, réactions diverses chez chacun. Observer surtout la femme : cette grande attitude verticale paraîtra « immobile » à un profane ; mais elle a tant de mouvement ; le regard intuitif a déjà dépassé l'inscription, où s'attarde un autre ; elle sent déjà alors qu'il déchiffre ?

Où est l'*endroit intéressant?* Pas à l'inscription (où vont cependant deux des regards), ni à la femme (à qui va le troisième regard) : c'est là où erre le regard de cette femme.

C. **Cène** de Vinci. Problème : répéter onze fois la même expression de surprise douloureuse après la parole : « Un de vous me trahira... »

Point de vue dans la tête du Christ où se croisent les X des lignes de perspective ; d'où symétrie grave, solennelle ; en contraste, les gestes des Apôtres. Voir dans Blanc, *Histoire de la Peinture*, le nom, le geste, la place de chacun selon son caractère ; ou dans Perron, *Lettres de partout;* Fabre, *Pages d'art chrétien.* Gœthe, Recueil de classe supérieure. — Schuré les répartit en trois groupes, ceux qui se partagent l'humanité : 1° les instinctifs, s'en tenant au fait seulement : sept répètent les paroles sans aller plus loin ; 2° les actifs : Pierre et les deux Jacques demandent : Lequel ? pour l'arrêter ; 3° deux seulement, Jean et Philippe, sont intellectuels spiritualisés : Jean a pénétré toute la parole ; lui et Philippe goûtent, contemplent, — Où est l'endroit intéressant ? Au point de vue perspectif, c'est-à-dire dans les yeux baissés du Christ, dans ce que ces yeux regardent intérieurement.

I

ÉTUDE DES MOTS

d'après leur étymologie et leur dérivation.

FORMATION LATINE

1er Exercice oral

Albatros, de *albatus*, vêtu de blanc. — *Albion*, l'Angleterre, à cause de la blancheur de ses falaises. — *Aubépine*, *alba spina.* — *Candidat*, celui qui aspirait à une charge portait, chez les Romains, une tunique toute blanche. — *Incandescent* (*in-candesco*, devenir blanc).

3e Exercice

1. Aquarelle. — 2. Aquarelliste. — 3. Aqua-fortiste. — 4. Aquarium. — 5. Aquatique. — 6. Aqueduc. — 7. Aqueux. — 8. Aquifère. — 9. Aquitaine. — 10. Aigue-marine. — 11. Aigues-Mortes. — 12. Aiguière. — 13. Eaux-Bonnes.

Transformations : Aqu. Aigu. Eau.

4e Exercice

1. Caprice. — 2. Capricorne. — 3. — Se cabrer. — 4. Cabri. — 5. Cabrioler. — 6. Cabriolet. — 7. Chevreau. — 8. Chevreuil. — 9. Chevrier. — 10. Chevron. — 11. Chevroter. — 12. Chevrotine. — 13. Chèvrefeuille.

Transformations : Capr. Cabr. Chevr.

5e Exercice

1. Capulet. — 2. Capitaine. — 3. Capital. — 4. Capitale. — 5. Capitation. — 6. Capitulaires. — 7. Récapituler. — 8. Capiteux. — 9. Cadastre. — 10. Cadet. — 11. Chapitre. — 12. Chapitre. — 13. Chapiteau. — 14. Cheptel. — 15. Chef. — 16. Chevet. — 17. Achèvement.

Transformations : Cap. Cad. Chap. Chep. Chef. Chev.

6e Exercice

1 Tiers (*tertius*) : tertiaire, tertio, tercet.

Moult (*multum*) : multiple, multiplier, multiplication, multiplicité, multitude, multicolore...

Engin (*ingenium*) : ingénieux, et dans le sens de génie : ingénieur.

Ouissent (*audire*) : audition, auditeur, auditoire, auditif.

Moustier (*monasterium*) : monastère, monastique, monacal.

Noise (*noxa*, de *nocere*) : innocent, innocence.

4. *Alt* : altesse, altitude, altier, alto, contralto. — *Aut* : autel (de *altar, altum ara*, ce qui est sur l'autel). — Haut (vieux français : *halt*) : hauteur, hautain, hausser, surhausser, rehausser.

7e Exercice

1. Se *départir*. — *Férir* de grands coups d'épée; sans coups *férir;* être *féru* d'une idée; *férule*, être sous la *férule* de quelqu'un.

4. Était, de *stabat*...

5. Navire, naviguer, navigateur, navigation, navigable, nef, navette, naval, nacelle (de *navicella*, petit vaisseau).

8e Exercice oral

Paume, mauve, taupe, sauge, saut, autre, saumon, sauf, aune, sauvage, faucon, faux.

Rive, livre, savon, ravir, ouvrir, cuivre, rave, pauvre, saveur, savoir, chèvre, lièvre, devoir.

Fable, lettre, cigale, cigogne, scarabée, fourmi, fortune, couronne, corbeau, lance, colombe, pie, cygne, crocodile.

14e Exercice

Ac-clamare, ac-colligere, ag-gluten, al-levis, al-lumen, an-nota, ap-plaudere, ap-plicare, ap-pretium, ar-restare, at-trahere, collæsum, cor-respondere, ef-frenum, im-memoria, im-mergere, im-migrare, im-manere, inter-rogare, suc-cubare.

Nota. Faire remarquer la transformation des préfixes : *ad* en ac, ag, al... ; *con* en col, cor ; *ex* en ef, etc...

17e Exercice

Sens ampliatif : Débattre, découler, décrire, dédier, déduire, déflagration, délaisser, délimiter, démontrer, dénoncer, dépérir, déplorer, déposer, déprimer, déterminer, détoner, devenir, déverser, dévouer.

Sens négatif : Débandade, etc.

18e Exercice

Sens négatif : Disconvenir, discréditer, disjoindre.

19e Exercice

Répétition : Rebâtir, reboiser, réchauffer, remmailler, renouveler, ressemeler, reverdir.

Opposition : Réagir, récriminer, repousser, rétorquer.

Intensité : Recéler, réclamer, etc.

20e Exercice

1. Ambages (*ambi-agere*). — 2. Ambigu (*ambi-igere* pour *agere*). — 3. Agile. — 4. Action. — 5. Agissements. — 6. Agent (*agens*). — 7. Agité (*agitare*, fréquentatif de *agere*). — 8. Agenda (*agenda*, s.-e. *negotia*, choses à faire). — 9. Adage. — 10. Acteur. — 11. Actuel. — 12. Exact. — 13. Exigence. — 14. Exigu. — 15. Prodige. — 16. Réaction. — 17. Réagir. — 18. Transiger. — 19. Litige (*lis*, procès ; *agere*, conduire). — 20. Naviguer (*navis-agere*). — 21. Quadrige.

AGO, ACTUM : faire, pousser, conduire.

AG {
Agir.
Agile, agilité, agilement,
Agité, agitation, agitateur, agissement.
Agent, agence, agenda.
Adage, ambages.
Réagir, réaction, réactif, réactionnaire.
Rétroaction, rétroactif, etc.

IG pour *ag*	Ambigu, ambiguïté ; — exigu, exiguïté. Exiger, exigeant, exigence, exigible, exigibilité. Prodige, prodigieux, prodigieusement. Transiger, transaction.
ACT	Acte, actif, activité, etc... Action, coaction, actionnaire, etc. Actuel, actuellement, actualité ; — acteur. Exact, exactitude, etc...
Noms composés	Naviguer, navigable, navigation, etc. Litige, litigieux.

21e Exercice

1. Dicton. — 2. Dicter (de *dictare*, fréquentatif de *dicere*). — 3. Diction. — 4. Dictionnaire. — 5. Bénédiction. — 6. Édicter. — 7. Interdire. — 8. Maudire. — 9. Médire. — 10. Prédire. — 11. Juridique. — 12. Véridique.

DICO, DICTUM : dire

DIC	*Dire.* — *Dédire.* — *Interdire*, interdiction, interdit. — *Prédire*, prédiction. — *Bénir*, bénédiction, bénitier, Benoît, bénédictin, bénédicité. — *Maudire*, malédiction. — *Médire*, médisant, médisance. — *Redire*, redite.
DICT	*Dicton.* — *Dicter*, dictée. — *Diction.* — *Dictionnaire.* — *Édicter*, édit.

22e Exercice oral

STO, STATUM : se tenir debout.

Circonstance, circonstanciel, circonstancier. — *Constant*, constance, constamment. — *Distant*, distance, distancer. — *Instance*, instamment, instant, instantané, instantanément, instantanéité. — *Obstacle.* — *Contraste.* — *Prestance.* — *Rester*, reste. — *Substance*, substantiel, substantif. — *Stature.* — *Statue*, statuaire, statuette. — *Station*, stationner, stationnaire, stationnement. — *Stabilité*, stable. — *Statique.* — *Statut.*

FORMATION GRECQUE

1er Exercice

1° — 1. Idiomes. — 2. Litanies. — 3. Pharmacien. — 4. Comètes. — 5. Horizon. — 6. Harmonie. — 7. Baptême. — 8. Cimetière. — 9. Comique.

2° — 1. Diaconesse. — 2. Diable. — 3. Évangile. — 4. Méthode. — 5. Monastiques. — 6. Prêtre. — 7. Physionomie. — 8. Barbare.

6e Exercice oral

Metro : mètre (tous ses multiples et sous-multiples), symétrie, asymétrie, diamètre, périmètre, géométrie, baromètre, chronomètre, thermomètre, gazomètre, eudiomètre, manomètre, chronomètre, etc... — *Theos* : monothéisme, polythéisme, athéisme, panthéisme, théologie, théodicée, théocratie, théologal, apothéose, panthéon, etc... — *Phone* : aphone, antiphonaire, cacophonie, euphonie, microphone, phonétique, symphonie, phonographe, téléphone, etc... — *Polis* : Pentapole, métropole, monopole, politique, police, cosmopolite, Héliopolis, acropole, nécropole, etc... — *Kuklos* : Cyclades, cyclamen (feuilles rondes), cycle, encyclique, encyclopédie, hémicycle, cyclopes, cyclone, bicyclette, etc... — *Chronos* : chronique, chronologie, chronomètre, isochrone, synchronisme, anachronisme. — *Auto* : autographe, automate, autonome, autocrate, automobile, etc... — *Anthropos* : misanthrope, philanthrope, anthropophage, etc... — *Demos* : démocratie, démagogue, épidémie, etc... — *Hippos* : hippodrome, hippopotame, hippique. — *Doxa* : hétérodoxe, orthodoxe, paradoxe.

7e Exercice

1. Horloge. — 2. Néophyte. — 3. Cyclopéennes. — 4. Panégyrique. — 5. Épopée. — 6. Parasites. — 7. Éphémères. — 8. Chrysanthèmes. — 9. Philosophie. — 10. Euphémisme. — 11. Métaphore. — 12. Acrostiche.

8e Exercice oral

*Apo*logue, *apo*logie, *amphi*bologie, *archéo*logie, *astro*logie, *ana*logie, *antho*logie, *bio*logie, *chrono*logie, *cosmo*logie, *cata*logue, *climato*logie, *dia*lecte et *dia*lectique, *dia*logue, *déca*logue, *doxo*-

logie, *épi*logue, *étymo*logie, *ethno*logie, *généa*logie, *géo*logie, *homo*logue, *hor*loge, *idéo*logue, logo*griphe*, *mono*logue, *martyro*loge, *météoro*logie, *mytho*logie, *néo*logisme, *pro*logue, *paléonto*logie, *psycho*logie, *philo*logue, *patho*logie, *physio*logie, *nécro*logie, *onto*logie, *syl*logisme, *tauto*logie, *tri*logie, *théo*logie.

Ajouter les dérivés : *logique*, *lexique*.

9e - Exercice oral

*Épi*graphe, *para*graphe et *para*phe, *télé*graphe, *paléo*graphie, *icono*graphie, *calli*graphie, *sténo*graphie, *topo*graphie, *litho*graphie, *ortho*graphe, *cosmo*graphie, *photo*graphie, *hydro*graphie, *biblio*graphie, *bio*graphie, *auto*graphe, *typo*graphe, *dactylo*graphie, etc.

II

L'EXPLICATION FRANÇAISE

Les pages qui suivent ne contiennent que de simples *indications*; dans la plupart des cas, il reste à les développer ou à les appliquer au texte. Ce travail, — ainsi que la réponse à certaines questions qui ne sont pas mentionnées ici : recherche de comparaisons, d'antithèses, analyse logique, etc., — entre dans la préparation immédiate de la classe.

Les bords de la Rance (p. 157).

Analyse du morceau. — **1.** Spectacle familier : la Rance baigne Saint-Malo, ville natale de Chateaubriand. Premier mérite : jeter de la poésie sur un spectacle ordinaire, sans altérer la vérité. — **2. a)** Les paysans de la côte. **b)** Les femmes. — **3. A.** Laboureur, terme un peu fort pour un marin retraité. Marin : chaque plante rappelle une escale : *Virginie*, *Cayenne*, *Chine* (fleur fantastique de paravent) ; si bien dit : *C'est l'itinéraire*... Plantes bien choisies : le souci, goût paysan ; *herbes potagères, herbes* relève le détail. **B.** Les femmes : *grandes*...; beauté rehaussée par la description minutieuse du costume. Lorsqu'elles sillonnent le fleuve et envahissent la petite cité, — spectacle familier à Chateaubriand enfant, — elles rappellent les envahisseurs normands, *ces filles du Nord*; et aussi les *Walkyriés* (de l'*Edda*, épopée scandinave) : déesses guerrières qui coupent la trame de la vie des combattants et leur versent l'hydromel dans le Walhalla. Leurs corbeilles rappellent les *Canéphores* (je porte corbeille) d'Athènes : dans les processions de Cérès, elles portaient dans des corbeilles l'encens et le couteau du sacrifice. — **4.** Ici, peu de couleurs, et toutes neutres : *laine grise*, *coiffes blanches, vases noirs*... — **5.** Lignes peu observées : sauf la forme de la coiffe : *les pattes se relèvent*..., et la courbe gracieuse des bras. — **6.** Impression d'un tableau gracieux. Mélancolie due à l'absence de mouvement, de bruit, et à la question sur laquelle on reste.

Style. — Expressions. — **1.** *Bastide blanche*, la maison comparée à celles du Midi pour la blancheur ; la coiffe, à un *béret*, à une *voile* : choses de la mer, voisine. *Walkyries*, *Canéphores*. — **2.** *Souvenir d'une autre rive*..., pour : plante exotique (Cf. souvenir d'un autre *pays*..., *climat*). *C'est l'itinéraire* : histoire des voyages, idée subjective ; *et la carte* : la plante n'évoque plus le voyage, mais le pays : idée objective. Introduction variée des comparaisons : *en forme de*..., *en manière de*..., *comme si*... Les équivalents : *plant, pied, fleur*... ; ou : *paysan, matelot, laboureur, propriétaire, maître du lieu, tenancier*. — **3.** Phrase à deux membres, construits de même : 1° les compléments (quand? où? comment?...) ; 2° le verbe principal : *apportent*, *n'avaient* ; 3° fin sur un rythme binaire : *des fruits*... et *des caillebottes* (temps nets, clairs) ; ou : *les Walkyries*... *les Canéphores* (avec finale douce). Notez la fraîcheur du premier membre : *matins, printemps, filles du Nord*, opposée à la grâce plus savante du second (légende et histoire).

Grammaire. — **2.** *Coquille* (en zoologie, sculpture, lithographie). — *Cornette*. Autrefois, nom générique de toutes les coiffures ; étendard de la cavalerie (mot de Henri IV) ; officier qui le portait. Aujourd'hui encore, insigne dans la marine.

La Provence (p. 160).

Analyse du morceau. — **1. A.** Grandeur sévère : impression croissante : vallée entre *deux murailles*..., *amphithéâtre abrupt*..., *gorges resserrées*..., *torrent*..., *dédales de sommets dénudés*..., enfin : *immense et solitaire rocher*. **B.** Solitude : même impression croissante. D'abord : *mille habitations*. *On était tout à l'heure*... Puis : *calme*..., *paix*. Enfin § 2 : *là les siècles seuls ont accès*. Notez la triple affirmation et la gradation : *seuls ils ont accès*... *seuls ils ont exercé le droit*..., *seuls ils ont régné* (*seuls*, complète solitude). **C.** Sainteté. Comparaison de la *Thébaïde*. Le pressentiment du surnaturel : *Le cœur pressent*. — § 2, le sentiment plus précis : *tout nous semble plus grand que nous*. — § 3, la réalité : les amis de Jésus. — **2.** Non, la Provence est la terre classique de la grâce et de la gaieté. Lacordaire le note : § 1er : *on était tout à l'heure au sein d'une ville riche et ardente*, etc., *maintenant tout est calme*..., *pauvre* ; — § 2 : *Ce n'est plus le pin maigre*... *Tout proche, on* *retrouve la vraie nature du pays.* Il précise et détaille. — **3.** Oui. § 1er : début simple, aucune allusion à ce qui vous attend ; à la fin, pressentiment. — § 2 : saisissement du regard et de la pensée ; interrogations émues. — § 3 : la réalité. Trois gradations : *tu as vu...*, *tu as reçu* ; puis : *elle te donna...*, *elle te confia.* Quoi ? *reliques...*, *âmes...*, *testament suprême de l'amitié d'un Dieu.* — **4.** § 1er : Thébaïde. — § 2 : bois sacrés. — § 3 : fondation de Marseille par les Grecs, tradition de la Sainte-Baume.

Style. — Expressions. — **1.** Métaphores et antithèses : elles abondent : vallée *qui ne voit* pas... *cimes boisées* et *sommets dénudés*, *murailles*, *reine de la Méditerranée*, etc., etc... — **3.** On le sent dans l'allure générale du morceau : § 1er : début calme : deux longues périodes, coupées par une phrase brève qui empêche le bercement. Cependant l'orateur s'étonne ; la phrase se morcelle : *On était...*, *on voyait...*, *on entendait* (trois propositions terminées sur un rythme binaire mais varié : 1° compl. et apposition ; 2° deux compl. d'objet ; 3° deux compl. d'agent). Le morcellement continue, jusqu'à la phrase solennelle et mystérieuse : *Le cœur pressent...* — § 2 : L'orateur nous maintient dans l'attente, et s'attarde à dessein : *Ce n'est plus... Ce n'est ni... ni... On dirait...* Nouveau délai à l'occasion de la *forêt.* Enfin les interrogations éclatent, essentiellement oratoires : *Qui donc a passé là ?...* — § 3 : brillante prosopopée. Tout en vue d'un effet à obtenir, bien plus que de la réalité objective. (Cf. avec Chateaubriand ou de Vogüé.)

—

L'Enfant grec (p. 163).

Analyse du morceau. — **1.** 1828, guerre de l'Indépendance de la Grèce. Bien que Chio fût restée neutre, 30000 habitants furent massacrés et 20000 dispersés par les Turcs : l'île était renommée pour son blé et ses vins. — **2.** 1° Chio ; 2° l'enfant grec ; 3° paroles de compassion, offres d'un présent ; 4° réponse de l'enfant. Ou si l'on préfère : Exposition, str. 1, 2 (lieu, époque, héros). Nœud, str. 3, 4, 5 et début de 6 : Comment consoler cet enfant ? Dénouement : deux derniers vers. — **3. A.** Évocation du fléau de la guerre : *Les Turcs ont passé là.* Conséquences : *ruine*, *deuil.* Puis triple répétition, sorte de lamentation : *Chio, l'île des vins... Chio, qu'ombrageaient... Chio, qui dans les flots... Chio*, en relief au début de chaque vers. Enfin, contraste entre ce qu'elle est : *sombre écueil* ; et ce qu'elle fut : fertile (*vins*), pittoresque (*bois*, *coteaux*), riche (*palais*, *charmilles*), heureuse (*chœur dansant de jeunes filles*). — **B.** La vision de l'enfant abandonné rendue poétique par la couleur et la ligne. Couleur : mur noirci par les balles, enfant aux yeux bleus, blanche aubépine ; ligne : tête courbée, signe de douleur.

Rapprochement de deux êtres gracieux : l'enfant et la fleur, tous deux épargnés. **C.** Elles précisent les traits : pieds nus, larmes, chevelure blonde en désordre, épaule découverte. (*Affront*, allusion à la coutume turque, de récolter les enfants chrétiens pour les incorporer plus tard à l'armée des janissaires. Anachronisme : troupe supprimée en 1826, à cause de son indiscipline.) **D.** Mention du *puits*, chose importante en Orient, où l'eau est rare. Hyperbole : *De cet arbre si grand...*, forme chère aux Orientaux. *Oiseau merveilleux* : comparaisons également excessives. **E.** Imprévu de la demande, contraste avec les présents ; contraste entre l'enfant et son désir ; sentiment noble.

Style. — Expressions. — **1.** Rythme léger, rapide, gracieux. Strophe de 6 vers ; 3e et 6e vers de 8 pieds donnant la légèreté ; sens dépassant la demi-strophe et la strophe rompant la monotonie ; quelques répétitions accentuant le rythme. **2.** Un seul : *que veux-tu?* (19) ; (plus exactement, contre-rejet : le sens n'atteint pas la césure) met merveilleusement en relief : *que veux-tu?* (Cf. : que veux-tu, bel enfant ?) **3.** Comparaisons inspirées des événements : aubépine comme lui oubliée ; de la nature de l'île : yeux bleus comme le ciel ou comme l'onde ; ou cherchant la couleur orientale : hautbois, cymbales.

Le dernier moine de Saint-Aubin (p. 166).

Analyse du morceau. — **1.** Exposition, §§ 1er et 2. Nœud : *Un soir*, § 3, et dialogue. Dénouement, depuis : *Un coup de tonnerre.* — **2.** Relever les détails dans le texte. Rien d'inutile. Exemple : *était riche* explique la cupidité des révolutionnaires ; *nuit d'hiver*, le dénuement du jeune religieux, etc. — 3. **A.** La question qu'on se pose : Pourquoi cet homme est-il si troublé ? **B.** Moine : Bonté accueillante pour tous, sans exception ; absence de méfiance bien justifiable cependant, cordialité simple. (Notez l'hospitalité monastique.) Le père (portrait en deux lignes) : préoccupation inexpliquée. Le fils : désir raisonnable de profiter d'un abri. **C.** L'orage amenant la divergence des opinions ; l'heure avancée pressant l'homme de partir avant celle de son crime ; l'incident de la montre. **D.** Non, parce qu'on ignore : 1° l'origine de la montre ; 2° quelle sera la magnanime vengeance du moine. — **4.** Le dénouement est en rapport avec le reste (bonté simple, cordiale, impersonnelle du moine ; trouble du père, trouble avant-coureur du repentir), répond à la question du nœud et fixe sur le sort et les sentiments de chaque personnage. — **5.** Oui. Chez le moine : délicatesse envers le père et le fils (auquel il évite une douloureuse révélation), dignité, autorité. Voir portrait de la fin, et parole sublime dans sa simpli-

cité. Chez le père : la figure, l'attitude, le geste, tout converge vers un effet unique et croissant de trouble (étudier le texte). Fils : caractère plus effacé, laisse ressortir les héros principaux. Rien de forcé ; simplicité d'une scène de la vie réelle.

Style. — Expressions. — 1. Phrases souvent d'une seule proposition : deux phrases de cette espèce dans le § 1er, cinq dans le § 2. Dans les phrases plus longues, même effet obtenu : *a*) par la suppression des conjonctions ; exemples : *elle était... défendue par la terreur; personne n'y avait osé entrer ; b*) l'absence des *qui* et des *que ; c*) un complément au début de la phrase, remplaçant une proposition ; exemple : *Au bout de quelques heures, saisi par le froid...* (Cf. : Lorsque quelques heures se furent écoulées...) ; *d*) l'emploi du participe passé ; exemple : *saisi par le froid...* (Cf. : comme il était saisi). — **2.** Non ; la phrase s'étend quand l'action se ralentit ; exemple : dans l'arrivée au monastère, § 3. — **3.** Habituellement oui ; mais ici très sobre. — **4.** Vrai style narratif : simple, rapide. Développement de l'action dans une grande clarté ; peinture des caractères par les gestes et les paroles ; caractères soutenus, dialogue naturel et vivant (donner des exemples).

Paysage de sapins (p. 169).

Analyse du morceau. — 1. Description d'une sapinière. — **2.** § 1er : *à travers une forêt de sapins, on gravit la montagne ;* — § 2 : *la forêt s'ouvre et l'on arrive sur une route à mi-côte,* d'où l'on voit, en face, la forêt qui monte ; — § 3 : de l'autre côté, la forêt dévale vers le bas : *Ils descendent.* Position nécessaire à connaître pour comprendre les jeux de lumière. — **3. A.** Lignes : troncs droits, raides (*raideur héroïque*), serrés, sveltes (notations qui susciteront les images). Groupements (qui permettront le développement des comparaisons), soit : *par centaines..., par myriades..., en troupe ;* soit : *deux ou trois solitaires ;* ou : *en files, un à un.* Bien observé ; dans toute forêt, surtout en montagne, il y a des bouquets compacts, des arbres isolés, des files. **B.** Couleurs : souci de l'exactitude et de l'expression pittoresque : *dôme noircissant..., lumière bleuie..., file de pins rouges..., panache de verdure pâle,* etc. Lumière surtout bien observée. § 1er : le voyageur dans la forêt voit les rayons obliques qui filtrent à travers les sapins : *le soleil les frappe en travers... ;* lumière diffuse, comme celle des vitraux. Ailleurs par une baie ouverte : *flamboiement magnifique* (énumération des effets). — § 2 : vers le sommet : *pleine lumière, pluie de rayons, gloire du ciel, tout le jour ;* rien ne fait ombre sur le faîte des arbres, que le voyageur aperçoit de la route (il est sorti de la forêt). — § 3 : dans la vallée : *ombre sépulcrale*. Même souci de la lumière dans la description du ruisseau (autres sensations : *aromates*, *parfum*, obscurité *humide*).

Style. — Expressions. — 1. a) Armée de jeunes barbares : *corps droits*, *tailles fines...*, *élan superbe...*, *raideur héroïque...*, *sang végétal...*, *vieux membres*. Leurs groupements : *poste avancé de sentinelles...*, *bande en marche dévalant*. Lutte avec le soleil : *le soleil les frappe...*, *ils ne se laissent pas transpercer*. **b)** Cathédrale gothique : *colonnade*, *vitraux*, flamboiement de lumière, *colonnettes d'une cathédrale infinie*, *candélabres* (fût comparé au pied, feuillage ruisselant de lumière à la torche qui flambe). **c)** Crypte : *creux*, *ombre sépulcrale*, *jour éteint*, *air froid*, *cadavres d'arbres*, *mousses livides*, *suaire*. — **2.** Contraste entre la mort et la vie ; la *crypte* et les *êtres agiles et charmants* (à développer) ; contraste même dans la phrase, d'abord solennelle, puis vive et alerte. — **3.** Transitions très simples : *La forêt s'ouvre... Plus droits encore...* Très heureuse dans : *Mais des êtres agiles* : la curiosité est éveillée.

Devant la tombe d'un soldat (p. 172).

Analyse du morceau. — 1. Narration, épisode détaché d'une nouvelle. — **2.** Exposition : description d'un village où rien ne change. Nœud : conflit entre les pensées déprimantes et une invitation à l'espérance. Dénouement : espoir ! (gracieux symbole du soleil vainqueur des nuages). — **3.** Si l'on veut, la description du village (du commencement à : *quelques volailles*, § 3). Notation exacte : des heures où tout est *désert* (pourquoi ?) ; des occupations, habitudes, chez soi de chacun : maréchal-ferrant, épicier..., notaire, médecin... ; de chaque objet, bruit, mouvement (à développer, en étudiant les mots qui traduisent le détail). — **4.** Description du petit cabaret : poussière, mouches... — **5.** Depuis : *Mais au moment...* § 6. *a*) Lutte entre les nuages et le soleil, *qui depuis quelque temps transparaissait...* ; victoire, symbolisant l'espérance ; développement par énumération : *éclaira...*, *dora...*, *fit scintiller...*, *inonda* ; non délayage, car l'énumération donne du relief à l'idée de victoire (Cf. en arrêtant la phrase à *cimetière*) ; *b*) Coïncidence avec le *Speravit* : le rapprochement se fait seul dans l'esprit, le nôtre et celui du capitaine ; aussi : *saisi d'une émotion mystérieuse*, etc... Combien le passage du symbole à la chose figurée est plus vivant, moins banal, que ne l'eût été une phrase comme celle-ci : « Ce rayon n'était-il pas le symbole de l'espérance ? » Relire et comparer.

Style. — Expressions. — **1.** *Rien n'était changé,* idée mise en relief par la répétition sous six formes variées : *Comme autrefois..., comme d'habitude..., il retrouva les mêmes massifs..., rien n'avait bougé..., flacons passés de mode depuis longtemps..., toujours le même village, le même coin de vieille France...* — **2. A.** *Claudicant, hérissée, effarant, immobilité martiale,* etc. Remplacer par d'autres mots et comparer. **B.** *Aux labours* (plur.), *calme rural, le même coin de vieille France.* Remarquer la notation exacte de la phrase : *Le soleil... brusquement ;* les mots si descriptifs : *un rayon d'automne ;* la variété des verbes exprimant des effets de lumière : *dora..., fit scintiller...,* etc. *Lumière blonde,* expression moderne ; autrefois : lumière dorée. Antithèse : *dora les murs ruinés.* — **3.** *a)* Longueur relative, surtout pour un écrivain du XIXe siècle ; *b)* presque pas de *qui* et de *que ;* un seul dans le § 1 et le § 2 ; *c)* peu d'auxiliaires, grâce à l'emploi fréquent du participe et du gérondif ; *d)* très souvent, le rythme est brisé par l'introduction d'un complément de circonstance ; ex. : *Comme autrefois, dans le calme rural, l'enclume,* etc... Supprimer : *calme rural* et cf. Notez la fréquence des compléments intercalés ainsi. — **4.** *a)* En grande partie, le choix des débuts. Ex. : § 1er : *Comme autrefois* (adverbe). *Il y avait* (gallicisme), puis successivement, compl. de lieu, sujets, négation, etc. *b)* La longueur de la phrase mesurée uniquement sur la pensée.

L'Ukraine (p. 175).

Analyse du morceau. — **1.** Tableau de l'Ukraine (Ukraine : pays limitrophe). — **2. A.** *La frontière,* mot contenant en germe tous les développements suivants. **B.** *L'Ukraine est un objet de dispute entre les influences de l'extrême Nord et de l'extrême Midi. — Sur ce champ de luttes, l'histoire physique semble avoir tracé le plan de l'histoire politique ;* histoire : 1° physique (lutte entre Nord et Midi) ; 2° politique. — **3.** *a)* Maître (*s'empara*) ; *b)* magicien (*accomplit ses miracles..., fond la tristesse..., élabore,* etc.). — **4.** Impression d'immensité (*grandes plaines..., horizons sans fin,* etc.). — **5.** Transitions : 1° on sort de la comparaison du Petit Russien avec le Provençal et le Breton par un fait qui s'impose : *l'hiver qui le refait Russe,* passage du rêve à la réalité ; 2° *Sur ce champ de luttes,* passage de la cause à l'effet : répercussion des conditions physiques sur l'histoire. — **6.** Dominations : turque : *subie ;* polonaise (à partir de 1699). La Pologne, slave comme l'Ukraine, *l'entraîne dans son orbite agitée.* Ses *ligues cosaques* représentent la nation elle-même, les terribles Zaporogues, que Pierre Ier réduisit en partie par la force, après le premier partage de la Pologne (1772). Catherine Ire en déporta un bon nombre et les remplaça par des colons Russes, ce qui explique la phrase : *Dans les familles qui descendent directement...* — *Brigands et serfs fugitifs* : allusion aux Polonais et aux Lithuaniens qui passaient chez les Cosaques afin d'échapper à leurs maîtres. — *Italie du Nord*, à cause de ses *mœurs magnifiques et turbulentes*, rappelant l'Italie du moyen âge et ses tendances artistiques et littéraires. — **7.** *On n'est pas joyeux longtemps en face de l'illimité. L'habitude du regard fait celle de la pensée.*

Style. — Expressions. — **2. B.** Ex. : *des jours lumineux sur...*, *des nuits douces dans...* etc. **C.** *L'inclination au rêve, la retombée sur lui-même, l'essor en dedans de l'imagination.* — **3. A.** *Pays de soleil, mais aussi... De là pour l'homme...* **B.** *des jours lumineux..., chaleur qui monte*, § 1er. — **4.** *Extrême Nord..., extrême Midi; plaines enchantées..., ciel enchanté*, § 1er. — *Pays de soleil..., pays de grandes plaines*, § 2, etc. Répétitions dues à la fréquence des antithèses et au rythme binaire adopté dans ce morceau.

La nouvelle verdure (p. 178).

Analyse du morceau. — **1.** § 1er : La nature procède lentement... — § 2 : Quelle variété dans ses effets de vert ! — § 3 : Le vert est décidément une couleur exquise ; mais rien n'égale celui d'*un clos*, etc. — **2. A.** Bien observé : *a*) le progrès lent de la nature, si différent de la culture artificielle des jardins publics ; *b*) la première verdure, à peine visible sur le fond des troncs noirs : *c'est moins qu'un feuillage, plus qu'une vapeur..., buée mollement verdâtre.* Puis *ce soupçon se précise* : jolie expression ; rend bien le printemps d'un climat tempéré comme le nôtre ; les *verts têtus...*, *purs et durs...*, *innocents et loyaux* : chacun se montre tel qu'il est, avec ingénuité ; en été, en automne, plus d'uniformité. Notation exacte de plusieurs verts, § 2. **B.** Étudier les mots caractéristiques ; ex. : *frisquets*, feuillage léger qui ne vêt pas l'arbre tremblotant au bord de l'eau, etc... *Id.* pour l'acacia, le pommier, le sapin, le marronnier... — **3.** *a*) La campagne, personnifiée sous la figure d'un peintre : *elle ne se presse pas..., procède..., soigne..., prépare..., broie*, etc. (à développer). *b*) Les arbres qui délibèrent : *ne se prononcent pas..., hésitent..., se moquent...*, etc. *c*) Les verts : *têtus... se permettent d'incroyables arrogances de ton et des audaces de langue verte* (Lavedan joue sur les mots). On voit se battre entre eux : *le vert naïf..., le vert taquin..., le vert philosophe. d*) La couleur verte elle-même : *la reine de Saba* qui verse à l'homme, etc.

Style. — Expressions. — **1.** Toutes les personnifications entraînent des comparaisons. De plus : *l'âme éparse de la rivière, le fouet des giboulées*, etc. — **2.** Épithètes pittoresques, neuves, toujours très soignées. Expliquer le sens de : *verts timorés, déconcertante modestie*, etc... *Têtus,* aucune concession pour le bien, l'harmonie générale; *taquin*, capricieux, changeant; *philosophe*, indifférent à tous les accidents de la vie, y compris les saisons. *Le veau roux, un peu frisé;* nous le voyons bourru et maladroit. — **3.** Fin imprévue; on termine sur un sourire : Lavedan nous a tout à coup ramenés devant un objet familier, comique par l'inattendu de son apparition. — **4.** Style vivant, coloré, original, sans pose. Rien de tendu; l'image naît et se développe seule. L'art ne se sent nulle part; il y est cependant et réside dans le naturel, la grâce, l'esprit d'une qualité très fine.

Grammaire. — **1.** Or, orfèvre, orfèvrerie, oriflamme, oripeau, dorer, dorure, doreur, aurifère, aurifier, auréole, dorade, loriot.

COURS DE STYLE

LA DESCRIPTION

Le soin est laissé à la Maîtresse de compléter le cours par de nouveaux exemples : description d'un même lieu par plusieurs auteurs, description d'une œuvre d'art, plans originaux, exemples de couleur locale, etc.

De même pour le portrait : galerie de vieillards, d'enfants... ; types consacrés : personnes d'œuvres, vieil officier, etc... Enfin la Maîtresse achèvera l'analyse des textes et trouvera dans les Morceaux choisis *matière à de nouvelles études.*

LES CERISIERS EN FLEUR (*Manuel*, p. 195). **1° Objets regardés** : Ensemble, chaque arbre, leurs rameaux, leurs habitants, comparaison.

2° Observations faites : *Ensemble* en fleurs, rameaux rouges et vigoureux; fleurs d'un blanc de neige, agitées par le moindre souffle sans tomber, nombreuses. *Chaque arbre* : branches en tous sens, se touchant; pourquoi? Vieillesse. *Abeilles* agitées et nombreuses; fort parfum de miel. *Comparaison* : plus riche qu'ailleurs.

3° Choix des verbes et des adjectifs : *charnus, gonflés, jaspés* (suite de trois adjectifs); *corolles neigeuses; floconnaient; queue grêle; fuseaux fleuris; ailes battantes; odeur subtile; flottait, s'en allait au vent de la plaine; terres à peine vêtues.*

LES ROSIERS DE MON JARDIN (*Manuel*, p. 196). **1° Plan et objets regardés.** *Situer* : où ? quand ? (époque déterminée par la floraison des roses). *Aspect général* : place et disposition des rosiers. *Parties* : tiges, branches, pousses, épines... *Espèces* variées. *Effet* général.

2° Observations faites. *Aspect varié* : le matin : rosée, gouttes qui tremblent; midi : pleine lumière, couleurs chaudes; le soir : ombres accentuées, mystère. *Teintes* : comparer l'or de la rose-thé à la blancheur, à la pourpre... *Tiges* : élégantes, ou courbées sous le poids des fleurs... *Roses* à demi effeuillées, ou en pleine floraison, entr'ouvertes. — *Ce que me dit ce jardin* : telle rose qui s'entr'ouvre..., ou s'incline... s'effeuille..., cherche le soleil. Fraîcheur du renouveau..., durée éphémère des sentiers fleuris, etc.

3e Ordre. Le déterminer et le suivre. Commencer par un bouton, ou par l'allée entière. Puis aller : soit du particulier au général ; soit du concret à l'abstrait ; soit du sens propre au figuré, ou vice versa, pourvu qu'on sache ce que l'on veut dire et dans quel ordre.

LA NARRATION

Même remarque que pour la description. Ainsi, il serait bon de lire aux enfants des narrations où une des trois parties soit supprimée (ex. : pas d'exposition ; un dialogue commence immédiatement le nœud) ; d'autres offrant diverses espèces de transitions d'une partie à l'autre, etc.

Qu'elles comprennent aussi que toute langue, étant une musique, obéit aux lois fondamentales de l'harmonie : mesure, équilibre, inspiration.

Donc : Termes justes, exacts, forts.
Harmonie de la phrase.
Ni hâte ni négligence.

GUYNEMER (*Manuel*, p. 209). **Pensées qui ont dû inspirer l'auteur.** — **1.** Guynemer, fils unique : son nom va finir. — **2.** Il incarne le caractère des héros de France. — **3.** Gloire de sa famille et de la France. — **4.** Ressemblance à la fleur d'aloès ; une fleur : tout l'effort de la plante ; humide, pourquoi ? sur une tige droite et ferme.

Forme donnée (1re partie : L'aloès). — **1.** Forme impersonnelle : *Il est des plantes... Il leur part du cœur.* — **2.** Caractéristique : *qui ne peuvent porter* ; renforcée par : *quelquefois au bout...* — **3.** Effort exprimé dans une phrase concise et harmonieuse : *Elles rassemblent...* — **4.** Images : *sève qui attend..., fer forgé.* — **5.** Expressions variées : *semblable à un arbre..., apparence de...* — **6.** Inversions heureuses.

(2e partie ; Guynemer). Même valeur. — **1.** Donne en raccourci la silhouette de Guynemer en idéal. — **2.** Gracieuses images éclairant le récit : *froment..., fée déléguée..., feuillets dorés.*

JEHANNE D'ARC ET SES VOIX (*Manuel*, p. 209) (Exposition). Chercher quelques idées en classe. Domremy (paysage, village). Époque (aspect de la France, foi, misère, vie des paysans). Portrait de Jehanne, physique et moral, en quelques traits. Les voix (dialogue, si l'on veut : Jehanne, que regardes-tu ? etc.).

LA NOUVELLE CROISADE DES ENFANTS (*Manuel*, p. 213). Remarquer : **1.** Les détails faisant tableau : *Anthelme ému, Philibert souriant.* — **2.** Les contrastes : *descentes, retours, départ, ascension, élan, gloire.* — **3.** Les réticences : *toujours, non, mais presque toujours.* — **4.** Les parenthèses : *et peu de jours ont suffi.* — **5.** Les figures : *jeté de l'oubli.* — **6.** Les appositions : *Annette et Philibert, fidèles...*; la place des adjectifs : *long regard posé.* — **7.** Les réflexions générales et concises formant bien une fin. — **8.** La parole incisive qui finit : *ardents au devoir quotidien.*

UN MODÈLE OU L'ON PEUT RÉCAPITULER

La Réponse du vent.

EXPOSITION. Description. — **1.** Objets observés : *bord de la mer, pins, vieux arbres, lumière* (éclairant les sommets), *vagues, goélands, palombes, branches, côtes.* Expressions : les trois verbes qui peignent les bois : *descendaient..., se raréfiaient..., s'espaçaient...*

Parmi les bruyères, et non : à leurs pieds, il y avait...

Aigrette verte et superbe dressée dans la lumière. Pas de verbe ; *verte,* on la voit ; *superbe,* elle grandit ; *dressée,* elle grandit encore ; *dans la lumière,* image achevée du fort et haut sapin.

Les goélands..., les palombes, phrases variées par l'adjonction d'un complément : *quand elles arrivaient du large.*

Les côtes se repliaient en arrière, image ; puis la forme impersonnelle : *Et il suffisait...*

Relire tout le paragraphe avec le ton pour en écouter la musique.

2. Si joliment dit : *car c'était... par où finit la France.* Le vent, *rencontrant des rochers, des bruyères ou des pins...* C'est tout le plan de l'histoire.

Suite de l'exposition. — **1.** Jolie idée de personnifier le vent. Relire chaque phrase de son discours : il y en a de profondes, de jolies, de poétiques... ; les faire remarquer en lisant, pour former l'oreille avec la pensée.

2. La raison : *parce que le langage du vent est quelquefois plus profond...* Dialogue très court, mais poétique, chantant.

3. *Elle crut qu'elle pourrait..., elle donna l'ordre...,* harmonieux et vivant.

4. *Les bruyères...*, les détails sont d'un grand prix. Notez la caractéristique des trois bruyères, et la différence de la phrase : *la mauve à fleurs..., la rose dont..., la blanche des marais...*, et les adjectifs.

5. Le langage du vent interrogatif : *Que sont?...* sentencieux et grave d'un ancien : *Petit, il est bon...*

6-7. Retour du même dialogue que précédemment (court, poétique, mystérieux), de la même tournure de phrase : *Elle fit couper...* ; ainsi : unité, sorte de cadence qui constitue comme un chant.

Description... Réflexion profonde, image heureuse : *fil..., visage..., appels...* La rivière : adjectifs qui font image : *lente..., élargie...*, continuée par une jolie phrase : *que des rideaux... automne.* Pour éviter la monotonie : 1° *tout l'été...*; 2° *deux mois d'automne.*

Portrait des cygnes : *col..., ailes... en berceau.*

A quoi songeait-il? question qui amène le nœud.

LE NŒUD. Portrait... tout fait de détails remarqués par le menu : *quatre, petits, poilus*, où ?... quand ?... comment ?... *Le plus jeune :* sa naissance, ses mouvements, sa faiblesse. *Alors l'un des parents...*, chaque détail ajoute un trait au tableau : *s'arrêtait, tendait*, etc... A relire plusieurs fois. Remarquer les adjectifs avant et après : *large patte palmée* ; les compléments : *s'aidant des ailes, des pattes..., il se hissait..., berceau vivant et chaud.*

Suite du nœud. — **1.** Traits de la mère dans leur concision : *en deuil, triste et souriante.* Attitude bien observée : *elle regardait l'enfant deux fois..., écartait..., s'en allait..., le soignait..., ne voulait pas comprendre.*

2. Jolie manière de peindre le crépuscule : *Un soir... tombe.*

4. Après le dialogue, peinture : **a)** de l'enfant par sa seule attitude : *suivit...*; **b)** de l'oiseau par son état : *épuisé...*, son acte : *rasait...*, soutenu par une jolie comparaison.

5. Chaque acte relevé : *courut* où ?... *s'agenouilla* où ?... *herbe* comment ?... Au lieu de : *Il aperçut quatre cygnes...* : *quatre têtes encore duvetées passèrent...*

5.-6. La partie pour le tout : *les becs noirs..., les grandes ailes blanches battaient l'air.* Multitude des détails (compléments et épithètes) : *sous les plumes... avec beaucoup de mal..., plié, long, mince, assujetti...*, pour rendre plus sensible la longueur de l'opération. Peinture du cygne partant, par les verbes : *marcha..., se secoua..., s'étira..., regarda..., battit..., monta..., plana..., piqua..., diminua..., petit trait blanc.*

La Lettre : d'envoi..., de regret..., de demande. — Style d'enfant.. et de conversation.

Suite du nœud. — **1.** Remarquer le tableau des nuages..., regardé, vu, exprimé. La place de : **a**) *Dans le parc...*, le complément placé au début d'une phrase attire l'attention sur le verbe ; **b**) *désespérée*, épithète qui tombe comme une larme. Remarquer : **a**) *Laissez-moi écouter*, verbe qu'on aperçoit comme la trame du morceau ; **b**) *chagrin qui pleurait... au dedans d'elle*, image vraie, saisissante.

2. Relire plusieurs fois pour la musique... le choix du mot propre,... les compléments formés et placés de manière à prévenir la monotonie.

4. *Les ailes en croissant*, encore la partie pour le tout.

5. Approche du dénouement : il semble que le petit va mourir.

6. Accumulation des détails dans les gestes de la mère : *développa..., trouva*, etc. (chaque mot est une idée) ; terminée par une jolie phrase : *La lettre...* — Enfin réflexion en apostrophe : forme littéraire, émouvante ; répétition avec une idée de plus chaque fois : *Lisez, mère, car... enfant* ; chaque *car* si bien trouvé. Contraste : *L'enfant dormit... ; toute la nuit*, pour éviter la dureté de la phrase.

7. Dialogue et fin du nœud à relire lentement plusieurs fois pour se pénétrer de l'harmonie de la phrase.

DÉNOUEMENT. Très court ; mais le relief fait à lui seul l'équilibre.

ENSEMBLE DE CETTE NARRATION. Exposition : longue, claire, attachant aux personnages, préparant le reste sans le laisser soupçonner, renfermant déjà toute une narration.

Nœud : très long, très plein, très un, car la trame est toujours visible : le vent qui chante, l'enfant qui écoute, la mère qui lutte... se retrouvent aux moments principaux et dans beaucoup de détails, et ne se laissent jamais oublier ; le reste se groupe autour d'une façon accessoire, même les cygnes ; de plus en plus palpitant.

Dénouement : parfait et inattendu ; satisfait dans sa brièveté.

On peut trouver aussi : **1°** de très belles et délicates pensées, les relire en les groupant ; **2°** des images poétiques ; **3°** des modèles opposés aux défauts des enfants : **a**) contre l'abus des auxiliaires et des verbes et les phrases longues : *Elle venait en deuil, triste et souriante... ; les bruyères qui poussaient à foison...* ; **b**) contre l'abus des *qui* et des *que*, les appositions : *en un bouquet de vieux arbres, aigrette verte..., secoua la tête, désespérée...* ; **c**) contre un laconisme exagéré : les passages de détails avec accumulation de verbes, adjectifs, etc.

LA LETTRE

Les Maîtresses trouveront ici, avec des devoirs préparés, quelques indications en vue de l'analyse des modèles, et une méthode proposée pour la correction des devoirs en classe. Il existe d'autres manières : ainsi on peut se faire un recueil de jolis passages directement contraires à un défaut commun chez les enfants : abus des auxiliaires, surabondance de qui *et de* que, *changements de temps, consonances désagréables... Quelques citations lues en classe (un jour où la maîtresse aura relevé dans les devoirs le défaut en question) montreront aux enfants ce qu'auraient été leurs compositions sans cette négligence.*

Envoyer sa photographie à son grand-père, etc... (p. 234).

Au grand-père : Rappeler la joie qu'on avait d'être auprès de lui... Le long temps écoulé depuis qu'on l'a quitté : désir de le revoir, d'aller lui tenir compagnie, au moins en image...; désir réalisable, sur le point de se réaliser. Grand-père aura toujours auprès de lui sa petite-fille, même sans sa turbulence habituelle, sage, silencieuse. Ici un mot de l'expression rendue par la photographie ; gentille allusion : « Vous devinerez bien, grand-père, à mon sourire à qui je pensais. » Finir en disant, par exemple : « Après cela, grand-père, désirez-vous encore le retour de l'original ? »

Au petit frère : On vient lui raconter une jolie après-midi. Récit de la photographie prise : endroit, heure, temps, pose, essais, réflexions des uns, patience des autres, difficulté de rester tranquille. Puis le développement : émotion quand l'image se dessine. Est-ce bien ? trop posé ? Lavage : durée interminable. Sur papier. Est-ce ressemblant ? Je te laisse la réponse... Tant de fois tu m'avais dit : Envoie-moi ta photographie. »

A l'amie : Lettre d'affection. Abrégé du récit fait au frère. Si on porte sur soi une broche, une chaîne, etc., qui vient de cette amie, le faire remarquer gentiment. Lui demander : « Comment trouvez-vous cette photographie ? trop ceci ?... trop cela ? » Parler du désir d'avoir, soi aussi, le portrait de son amie, puis de mille autres choses.

Lettres de condoléances (p. 243). *Plan initial pouvant en éveiller beaucoup d'autres.*

Impression ressentie à la première nouvelle du deuil ; chagrin éprouvé, ce que l'on a pensé tout d'abord. Combien plus grand votre chagrin à vous. Souvenirs qui reviennent au nom de la personne qui n'est plus ; choisir ceux qui nous sont plus doux, ou mettent en relief telle de ses vertus, qualités, bonnes œuvres ou trait dominant de son caractère : « Je la vois encore... ici..., tel jour..., nous disant..., etc. » Citer telle parole élogieuse entendue d'elle. Passer de cela à la récompense méritée. Parler de ceux qui restent, de son désir de consoler et monter aux consolations surnaturelles. Revenir encore à l'assurance de sa sympathie, de son affection, de la part prise à tout, aux douleurs encore plus qu'aux joies ; de ses meilleures prières.

Violand à H. Bordeaux (p. 247). Noter le prélude au § 1er, la transition au § 2 ; détails qui émeuvent ; on arrive tout doucement à la demande. Respect, réserve : c'est à un chef. Exposé des besoins en s'enhardissant peu à peu. — § 3 : demande indirecte : « *Vous voyez où je veux en venir, etc...;* » le ton voulu ici ; — § 5 : comme il trouve bien les détails qui excusent tout.

Demander un peu d'argent (p. 249). « Quoi de moins gai pour une enfant de treize ans que d'ouvrir un jour son petit porte-monnaie en cuir de Russie ou autre, de le tourner et retourner sans y voir aucun billet, aucune pièce blanche,... tandis que la boutique est là tout près, avec des cartes postales... inédites, des plumes de fion, de la colle, etc... Eh bien ! chère maman, c'est mon cas... Vous me voyez d'ici... Faut-il que je vous dise comme l'aveugle de la porte Saint-Jean : « Un petit sou, s'il vous plaît, un petit sou. » Oui, je le dis avec mon air le plus suppliant. Vous vous laisserez toucher, chère maman ; je serai si reconnaissante,... si raisonnable aussi pour dépenser, etc... Merci, merci d'avance, etc... »

Lettre de remerciement (*Th. Vénard*) (p. 250). Remarquer : l'accent simple, spontané, genre conversation ; l'accent de sincérité ; la pensée délicate qui fait dire : *Que je vous aime tous !...* (toute idée de bienfait mise à part) ; et ensuite seulement : *Que vous êtes aimable !* (à cause de vos bienfaits) ; la manière gentille de dire : *des manchettes,... des rideaux,* etc... ; la tournure soignée de la phrase, le choix des verbes variés : *seraient utiles, venues me couvrir, seraient agréables, les vois décorant, manque, s'est présenté.* Autre pensée délicate : on prévient mes désirs. Exploitation du verbe manquer, répétition heureuse, presque toute la lettre, jusqu'à faire sortir de cette idée de *manque* la phrase finale et le plus chaud merci.

Remerciements (p. 252). *Après avoir remercié la mère de son amie, écrire à son amie elle-même, après un séjour.* Rappeler ce qui a été doux, agréable, délicat (sans raconter ce que l'on a fait ; inutile) ; dire le bon souvenir que l'on garde ; combien on en parle volontiers, et comme on aimerait le faire revivre. Regrets que ce soit passé si vite ; quel merci redire ?... que l'on serait heureux de pouvoir donner à son tour autant de joie. Parler de ce que l'on a fait depuis le départ, avec quelque aimable allusion, mais sans affectation. Y mêler quelque bonne pensée : « Quelques jours de repos, de joie, de conversation intime et sérieuse rendent alertes ensuite au devoir, » ou : « Avec la prière heureusement on peut rendre un peu de ce que l'on a reçu, » etc. Enfin, au cours ou à la fin, quelque chose d'aimable pour chacun des membres de la famille.

Ozanam 1839 (p. 255). — § 1er : Dons reçus, appel à la conscience, souvenir des écrits et des paroles. Le découragement est-il possible ?... Conclusion ; contraste : *quand on est*, etc. — § 2 : Moyen à prendre. — § 3 : Adoucissement. — § 4 : Délicate demande de service. — § 5 : Finale amicale qui empêche le ton trop sermon. Remarquer : comment les motifs d'agir sont tous mis en œuvre ; la forme interrogative plus pressante, parce qu'elle force la conscience à parler ; la manière de s'excuser d'avoir parlé ainsi ; le service demandé qui vient atténuer le reproche ; le langage familier, amical sur lequel on reste.

On a emporté le parapluie... (p. 256). « Figure-toi mon étonnement hier soir... Dans ma main, je vois ton parapluie... Oui, ta petite tête de lévrier au museau allongé, aux yeux brillants qui semblaient me dire : « Tu m'as volé... » Suis-je étourdie !... Quelles excuses ! A plus de cent lieues l'une de l'autre maintenant ! C'est moi qui ai pris ;... mais ne t'aurais-je pas laissé le mien ? (Faire le portrait du manche.) Rends-moi mon..., et je t'envoie ton lévrier. Ou bien viens avec moi au pensionnat,... et alors si unies qu'un seul parapluie suffira ; mais un grand, un joli, comme le tien ?... comme le mien ? Choisis. Je t'embrasse. »

Mgr Gay à sa sœur (p. 262). Énumération rapide de ce qu'il veut faire connaître. A remarquer : une caractéristique à chaque chose ; le choix des adjectifs ; la description de ses actes et de ses sentiments ; la part du cœur : *ayant beaucoup causé de Paris, de vous tous*, etc... (S'aider, quand on manque d'inspiration, des compléments : *causé* de quoi ? quand ? où ? pourquoi ?) Cette classe venant après celle sur la Description, il sera très profitable de lire seulement, en les commentant légèrement, un certain nombre de jolis modèles. Faire remarquer une ou l'autre pensée plus à propos, des tournures de phrase particulièrement littéraires, que l'on relit plusieurs fois lentement, afin de former l'oreille.

CORRECTION D'UNE LETTRE EN CLASSE

Lettre d'une enfant à une amie pour raconter le meilleur jour de vacances.

PREMIER TRAVAIL	REMARQUES
Tu me demandes de te raconter la meilleure journée de ces vacances.	Bon commencement, naturel.
Eh bien! vraiment, *je ne sais que* répondre : mes chers parents ont pris tellement à cœur de nous distraire, *que* ces deux mois ont passé bien vite et *que* je garde un *excellent souvenir également* de toutes les journées.	Retournez la phrase : *Je ne sais que* est dur à l'oreille. Phrase trop longue. Trop de *que*. *excellent souvenir également*, peu coulant.
Cependant il me semble que le 10 août a mes préférences : à cette époque nous étions dans les Alpes, à Larche, et nous nous amusions beaucoup avec nos cousins, *qui sont* très gentils.	Le choix arrive trop vite après l'affirmation précédente. Ajouter une **transition.** *Qui sont.* Supprimer les auxiliaires le plus possible : *Avec nos très gentils cousins.*
Ce matin-là, nous avions projeté de nous rendre au col de Larche, *qui* est à 6 kilomètres de Larche, *même pour y* dîner sur l'herbe *et y* passer un jour complet.	Bon début. Mais *qui*..., *même pour y*... *et y*, phrase lourde à supprimer.
Nous voilà donc partis à 9 heures du matin, une dizaine à pied, *tandis que les autres venaient* en voiture.	**Bien.** Mouvement. **Presque B.** Supprimer *tandis que... venaient...*, et ce sera T. B.
6 kilomètres, ce n'est rien, surtout sur une grande route presque plate !...	**T. B.** Style dans cette tournure, donc dispositions littéraires.
Aussi, après moins d'une heure et quart *de marche*, nous arrivions au col. Quelle vue splendide !	**Presque B.** *de marche*, évident ! inutile, lourd. *Quelle vue*... à développer.

NOTE

Travail à refaire sur différentes compositions d'enfants.

CORRIGER :

Je ne sais que répondre...
Que te répondre? peu harmonieux.
Que vais-je te répondre? lourd.
Sais-tu que tu m'embarrasses? laid.
Qu'est-ce qui embarrasse? La question...
Sais-tu que la question m'embarrasse?

De nous distraire... plus que cela : *de nous rendre heureux?* Phrase plus courte : *deux mois heureux...*

Un excellent souvenir également : *un égal bon souvenir?... un même joyeux souvenir?... le même bon souvenir?...*

De toutes les journées. Plus précis : *De chacune de ces journées?... de ces soixante journées?*

Transition. Quand on hésite sur un choix, on se pose des questions : *Est-ce le jour...? Est-ce...?* Commencer par des questions est trop brusque. Donc, dire ce que je fais : *J'hésite...*; puis la 1re question que je me pose : *Que choisir?...*

10 août : cette date ne peut manquer de me rappeler l'histoire... Moment de faire une allusion... Laquelle? Comment?

Qui est à 6 km. : en bande nous partions pour le col de Larche

qui est	*c'est-à-dire...*
même pour y	*avec l'intention d'y*
dîner	*festoyer* (pour éviter : [*d'y dî*]*ner*).

DERNIER TEXTE

Tu me demandes de te raconter la meilleure journée de ces vacances...

Sais-tu que la question m'embarrasse? Mes chers parents ont pris tellement à cœur *de nous donner deux mois heureux*, que je garde *le même bon souvenir de chacune de ces soixante journées.*

Cependant, il faut te répondre... J'hésite... Que choisir? Ce jour préféré, est-ce le premier où j'ai revu si joyeux chacun des miens?... est-ce celui où j'espérais te voir?... ou encore cet autre où nous avons visité l'asile des tout petits? Vraiment, je suis bien indécise, et pour en finir je donne ma préférence au 10 août? *Oh! pas celui de la Révolution, non, non, celui de 1920,.... celui des Alpes!* Car à cette époque nous étions dans les Alpes, à Larche, et nous nous amusions beaucoup *avec nos très gentils cousins.*

Or donc, le 10 août au matin, *un grand projet* devint réalité : *en bande, nous partions* pour le col de Larche, *c'est-à-dire* à 6 km. de la petite ville du même nom, *avec l'intention d'y festoyer* sur l'herbe et d'y rester jusqu'à la chute du jour.

Nous voilà donc partis à 9 heures du matin,... une dizaine à pied, *les autres en voiture.*

Le trajet n'est pas long. 6 km., ce n'est rien sur une grande route presque plate. Aussi, moins d'une heure et quart après, nous étions au col. Quelle vue splendide. *D'un côté, la France avec*

	CORRIGÉ
Le *reste* de la bande *arrivé* dans une charr*ette* avec toutes les provisions, (et Dieu sait s'il y en avait !) nous nous installons pour dîner.	Consonnance *è, ai*... désagréable; **retravailler** la phrase. La parenthèse est bonne.
Le repas est très gai ; la joie *est* sur toutes les figures.	Supprimer le 2e « *est* » ; ce sera plus alerte.
Après le dîner, descente sur le lac et belle promenade en barque.	**B.** La suppression des articles et verbes est bonne ici.
Le premier moment d'appréhension passé, *on* éprouve une impression vraiment très agréable à se laisser balancer au gré des flots (pas bien terribles heureusement), et *sans autre souci que de* contempler le magnifique paysage qui s'étend *devant vos yeux, et surtout* de remercier le Bon Dieu qui a fait la nature si belle !	**T. B.** de parler de l'impression ressentie; mais le pronom « *on* » est laid. *Sans autre souci que de*, peu coulant ; commencer par un verbe. Alléger : *devant vos yeux et surtout de*...
Le reste de la soirée ***a passé*** très agréablement au son de la musique !	**B.** *A passé*, un peu dur.
Mais *il a fallu se résoudre à repartir* vers 5 heures.	*A fallu... à repartir* peu harmonieux ; retourner la phrase.
Cette fois, nous sommes tous redescendus en charrette, a l'exception de quatre ou cinq. Nous étions plus d'une vingtaine entassés pêle-mêle.	Pas mal.
Enfin nous sommes arrivés à Larche, blancs de poussière, un peu las, mais si contents !	**Excellent** ! c'est du style !...
Et le soir, en me couchant, j'ai remercié Dieu de cette excellente journée.	Bonne pensée. **A retoucher** légèrement en changeant de place les membres de la phrase.
J'ai aussi bien pensé à toi, regrettant que tu n'y sois pas ; dans ta prochaine lettre, tu me ferais bien plaisir en me répondant sur cette même question.	Dire la même chose de façon **plus littéraire.**
En attendant je t'embrasse...	

Détails des sommets, pentes, collines, cascade, lac... Enumération avec de jolies épithètes.

Ecrire ce que l'on trouve, puis choisir.

Où est le lac ? A nos pieds. — Que fait chaque vague.., tout le lac ? Semble jeter ses flots : « *Il a l'air de jeter ses flots?... Le lac jette sa vague?... l'Italie jette le lac?... jette l'onde bleue et tranquille du lac?... si joli* ..

Ceinture. Que mettre ? En hiver elle est couverte de neige. — En été ? roches abruptes. — Alors « *ceinture de neige ou de ... roc* — trop dur — « *ceinture de roc ou de neige* ».

Le repas est très gai, la joie est (est-è-ai-est) — tournons par la négative : *Rien de triste...* — supprimons : *est*.

Retour à la personne à qui on écrit : *Pourquoi manquais-tu?* Que lui dire d'autre ?

On éprouve une... — *Nous éprouvons une...* Il y a mieux : la forme impersonnelle *il ne reste que...*

Un retour encore vers l'amie... quelle autre expression ?...

« **A l'exception de quatre ou cinq** » ; où le mettre pour plus d'harmonie ?...

Admirer et relire le passage **excellent**. Cherchons quelque chose de **plus littéraire** que se coucher, dormir, remercier Dieu. (Chacune cherche, on choisit.)

En deux mots : *Tout dormait...* Quand par rapport au retour ? *Quelques heures après...* Comment joindre : penser à toi, remercier Dieu ?... Quand l'ai-je fait ? Avant. *Mais avant j'avais pensé...* Puis finale rapide.

ses pics neigeux dominant les collines verdoyantes; les épaisses futaies, la cascade qui bondit et rend plus brillantes les feuilles des arbustes couvertes de ces gouttelettes d'argent. — De l'autre, l'Italie *qui jette à nos pieds l'onde bleue et tranquille du lac de la Madeleine*, si joli dans sa sérénité, *tandis que là-bas, au fond*, les montagnes forment ceinture *de roc ou de neige.*

Mais voici le reste de la bande arrivant en charrette avec toutes les provisions (et Dieu sait s'il y en a!). Nous nous installons pour dîner. *Rien de triste en ce repas; la joie sur toutes les figures. Pourquoi manquais-tu?* Après le dîner, descente sur le lac et belle promenade en barque. Le premier moment d'appréhension passé, *il ne reste que l'impression* agréable de se laisser bercer au gré des flots (pas bien terribles heureusement), la liberté pleine de contempler sans nul souci le magnifique paysage, et le besoin de remercier le bon Dieu qui fait la nature si belle.

Puis la soirée s'écoule très agréablement au son de la musique... *toujours sans toi, hélas!* L'heure du retour sonne : il est 5 heures. Cette fois, à *l'exception de quatre ou cinq*, nous redescendons en charrette. Imagine-toi le départ : une vingtaine, entassés pêle-mêle! Enfin, nous sommes arrivés à Larche, blancs de poussière, un peu las, mais si contents!...

Quelques heures après, tout dormait, mais avant j'avais pensé à toi, j'avais dit : merci, mon Dieu! et décidé qu'un jour je te mènerais au col de Larche.

A Dieu, voici ma réponse; quelle eût été la tienne? Je t'embrasse.

TABLE DES MATIÈRES

39 634. — TOURS, IMPRIMERIE MAME

www.ingramcontent.com/pod-product-compliance
Ingram Content Group UK Ltd.
Pitfield, Milton Keynes, MK11 3LW, UK
UKHW022144170726
13837UKWH00004B/1780

9 782329 174273